양심의 시금석

질문

질문

양심의 시금석

초판 1쇄 발행 2026년 1월 16일

지은이 이정재
펴낸이 장길수
펴낸곳 지식과감성#
출판등록 제2012-000081호

교정 이주연
디자인 강샛별
편집 윤혜성
검수 한장희, 윤혜성
마케팅 김윤길

주소 서울시 금천구 벚꽃로298 대륭포스트타워6차 1212호
전화 070-4651-3730~4
팩스 070-4325-7006
이메일 ksbookup@naver.com
홈페이지 www.knsbookup.com

ISBN 979-11-392-3033-8(03100)
값 12,000원

지식과감성#
홈페이지 바로가기

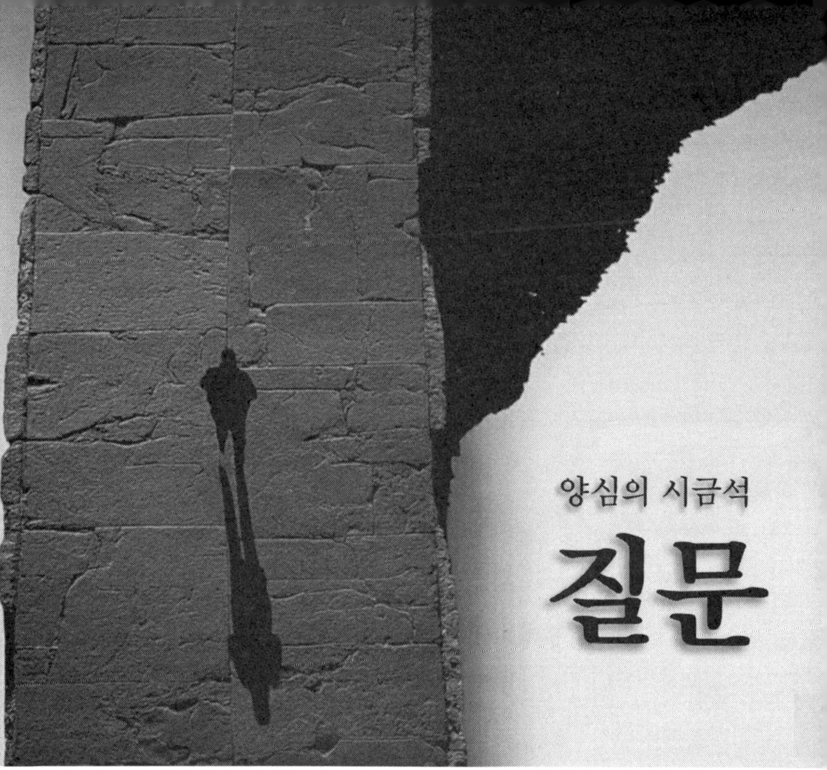

양심의 시금석

질문

이정재 지음

질문이 이끄는 걸음 속에서

빛과 어둠을 통한 발자국들은

통찰과 성찰을 이뤄 나의

인생의 순도를 비춰준다.

지식과감성#

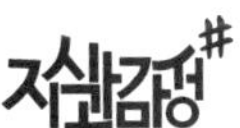

목차

책을 시작하며

살다 보면 우리는 궁금한 것이 많아집니다. 그리고 그것을 알기 위해 질문하며 살아가고 있죠. 어쩌면 우리 삶의 원동력은 이 질문 속에서의 끝없는 연구를 통해 살아가는 게 아닐까 생각합니다. 그 궁금과 질문이 창의성을 찾아주고 우리 자신이 어떤 사람인지를 볼 수 있게 해주는 거울이자 동반자로서 같이 살아가는 것일지도 모릅니다.

감사합니다.

당신의 질문은 저를 위해 그리고 세상을 위해 해주시는 것이니까요.

당신의 질문은 자신이 잘 지내기를 위해 생각하고 고민하며 묻는 것 같지만,

사실 그 질문들은 모두를 위해 묻고 모두를 위해 고민하고 계시며 그 하나하나의 해결은,

서로를 위해 하고 계십니다.

질문은 우리를 궁금해합니다. 그리고 우리를 관찰하며 묻습니다. 끊임없이 나라는 존재를 지켜보고 모든 일에 관심 있어 하는 게 때로는 귀찮고 싫을 때도 있지만 질문은 우리에게서 절대 떨어지지 않으려고 합니다. 대답을 얻지 못해 방황할 때도 모든 것이 잘 풀려 기쁨을 느낄 때도 삶이 무겁게 짓누를 때도 그저 평온한 일상 속에 있을 때도 질문은 언제나 그림자처럼 곁에 머물며 지탱해 주려 합니다. 빛의 각도에 따라 그림자의 길이와 모양이 달라지듯 질문도 상황에 맞춰 다른 얼굴로 다가와 나를 붙들어 줍니다. 힘에 부칠 때는 곁에서 조용히 기대어 쉴 자리를 내어주고 즐거울 때는 더 깊은 시선으로 그 순간을 오래 기억하게 하며 평

온할 때는 내가 흔들리지 않도록 조심스레 균형을 잡아줍니다. 질문은 늘 그렇게 눈에 띄지 않게 그러나 성실하게 우리 자신을 지탱해 주려는 노력을 멈추지 않습니다.

질문과 함께 노력해 주시는 당신께 다시 한번 감사의 인사를 드립니다.

질문의 본질

지금 어떤 환경에서 살아가고 있든지 우리는 지속적으로 질문을 받고 답을 하며 열심히 살아간다. 질문의 역할은 우리에게 가장 근본적인 것을 묻는다. 그렇다면 질문의 역할은 무엇일까? 그리고 질문을 통해서 우리는 무엇을 생각하며 나아가야 하는 것일까? 질문이란 나이에 따라 다른 "진실의 본질"일지도 모른다.

어린아이일수록 호기심이 많고, 거짓 없이 순수하게 묻고, 들으며, 생각한다. 청소년일 때는 인생이란 것에 대한 자아를 찾으려 한다. 그리고 성인이 되어서는 답 없는 질문의 가치를 곱씹으며 삶 속에서의 질문의 깊이를 더해 가며 살아간다. 그리고 나이가 들수록 질문은 단순히 답을 찾기 위한 도구를 넘어 삶을 비추는 창(窓)처럼 깊어진다.

거짓 없고 투명하게 비추는 물처럼 질문은 우리를

성장시키고 변화시키며 지혜로운 삶을 알려주는 깨끗한 샘물은 맑은 진리를 비춰주고 그 안에 있는 순리를 말해준다. 그렇기에 어쩌면 살아 있는 모든 생물에게 있어 없어서는 안 될 물처럼, 질문이란 살아가는 우리 모두에게 절대 없어서는 안 될 근원(根源)이 아닐까? 그 순수한 호기심의 질문은 어떤 답을 찾는지에 따라 물이 점점 맑아지거나 탁해지게 된다.

그때 지속적으로 맑은 곳을 향해 간다면 서서히 약수(藥水)로 변하여, 누군가에게 전하는 모든 언행(言行)은 선한 기운을 전할수도 있고 반대로 탁한 곳을 지속적으로 향한다면 그 모든 언행이 독수(毒水)로 변해 악한 기운을 뿜어내는 것이 될 수도 있다.

그래서 질문과 답은 우리 '삶의 나침반'과도 같다. 스스로에게 던지는 질문과 세상에게 받는 질문을 통해 우리는 성장하고, 그 답을 찾아가는 과정에서 양심(良心)에 따라 정도(正道)의 길을 걷거나, 무도(無道)의 길을 걷게 된다.

즉 선택한 길 위에서 마음이 갈망하는 방향에 따라 물은 변하고, 그 변화 속에서 서서히 바뀌는 그 물줄기는, 생명을 치유하는 약수로 혹은 아프게 하는 독수로 그 결을 달리한다.

질문은 어쩌면 조물주께서 우리에게 주신 양심의 시금석(試金石)일지도 모른다. 금의 순도를 알아보듯, 우리 자신의 양심의 순도를 스스로 느끼고 알 수 있도록 인생의 여정 속에서 내 자신의 의도와 태도가 약수가 될지 독수가 될지, 질문은 그 진실을 드러내는 물줄기가 된다.

'말'이라는 한 줄기 물이 흐를 때, 그것이 약수인지 독수인지는 오롯이 나의 선택에 달려 있다. 내 자신과 상대를 향한 진심 어린 말은 생명수가 되어 희망을 전하고, 이기심에 물든 말은 독이 되어 상처를 남긴다.

이런 선택들이 모여 우리의 삶을 만들어 가고, 그 깊이에 따라 생명을 살릴 수도, 앗아갈 수도 있다.

그렇기에 선택에 있어 양심과 감정을 속이지 말고 성찰을 더 곱씹어 깊어져야 하지 않을까? 때로는 흐르는 질문과 답대로 가야 하는 경우도 반드시 있을 것이고 그 흐름의 안에서도 어떤 곳에서는 양심을 통해 생각하고 고민하며 흐름 속에서 다른 방향으로 갈 수 있도록 선택해야 하는 상황도 반드시 있을 것이다.

일어나는 순간순간 상황을 살피며 내 자신이 무엇을 어떻게 할 수 있는지 내면의 소리에 귀 기울이며 살아간다면 그 속에서 진정한 나를 발견하고, 더 나아가 삶의 깊이를 더해 갈 수 있을 것이다. 이 과정 속에서 우리는 각자 삶의 진실된 실분, 즉 본질에 대한 답을 찾아갈 수 있지 않을까?

답을 찾을수록 더 많은 질문들을 하게 되고 듣게 되

며 그 안에 질의응답(質疑應答) 속에서 자신의 삶의 근본(根本)과 본질(本質)을 찾기 위한 물음은 인생(人生)의 순리(順理)를 알게 한다.

그 과정과 결과는 우리 모두 같은 듯하면서 다를 것이고 다른 듯하면서 같은 부분도 있을 것이다. 질문하는 이유와 답을 찾고 얻으려고 하는 이유, 그것의 공통적인 이유는 잘 살기 위해일 것이고 확신을 갖기 위해일 것이다.

잘 산다는 것은 무엇일까? 그리고 잘 살아가기 위해 변한다는 것은 무엇일까? 누구를 위해 잘 살아야 하는 것이며 그러기 위해 어떤 질문과 답을 해야 하는 것일까? 여기서 당신은 지금 어떤 생각이 떠올랐으며 어떤 질문을 자신에게 하게 됐는가? 지금의 그 생각과 질문은 당신에게 있어 앞으로의 삶의 큰 목표를 이루어 줄 것이고 삶을 더 귀하게 여기게 해 줄 것이다.

즉 잘 산다는 것은 결국 자신의 내면에서 울리는 질문들과 정직하게 마주하는 일일 것이며 그 질문들은 마치 샘물처럼 우리의 삶을 맑게 비추어 주고 때로는 그 맑은 만큼 거짓 없는 불편한 진실도 드러내 보여줄지도 모른다. 하지만 그 진실을 마주할 때마다 우리는 한 걸음 더 성장하게 된다는 것을 잊어서는 안 될 것이다. 나는 누구이며, 무엇을 위해 살아가고 있고 단순한 물음이 아닌, 삶의 방향을 결정짓는 나침반이자 성찰의 창(窓)으로 변화하는 이러한 질문들과 함께 찾아오는 자연스러운 과정이라는 것을 잊어서는 안 될 것이다.

우리는 타인의 기대나 사회적 압박이 아닌, 자신의 양심이 이끄는 방향으로 나아가야 한다. 자신을 위한 확신과 그 목표의 방향은 욕심이 아닌 스스로를 지키고 더 나아지게 하려는 진실된 바람이자, 삶에 대한 성찰에서 비롯된 조용한 다짐이기에 그렇게 나아간다면 그 과정에서 던지는 질문들은 등불처럼 우리의 길을 밝혀 줄 것이며 그 빛 속에서 진정한 자아를 발견하게 도와줄 것이다.

누군가의 기대나 사회적 압박으로 만들어 가는 가면(假面)이 아닌, 조물주가 주신 양심의 시금석으로 길을 찾아 진심으로 걸어간다면 그 과정에서 마주하는 질문들은 우리 영혼을 비추는 등불이 되어, 진정한 자아를 일깨워 줄 것이다.

어쩌면 우리는 반복되는 질문들을 통해 세상의 진실을 조금씩 발견해 가는 것인지도 모른다. 같은 듯 다른 질문들을 던지며 깨달음을 얻고, 그 깨달음을 실천하는 과정에서 더 깊은 물음이 피어난다. 조금씩 달라지는 관점과 이해의 깊이에 따라 우리가 마주하는 진실의 빛깔도 달라지며, 맑은 샘물에 비친 모습처럼 거짓없는 우리의 모습은 우리 삶을 비추는 거울이 되어, 때로는 가족에게서, 때로는 친구에게서, 그리고 가장 많이는 우리 자신에게서 비쳐 나온다. 각자의 삶에서 다르게 경험하는 질문의 순간들은, 마치 다른 빛깔의 등불처럼 우리의 길을 다채롭게 비춰주며, 그 빛 속에서 우리는 서로를 이해하게 된다.

진정한 질문은 정해진 답을 찾는 것이 아닌, 서로의 진실을 이해하고자 하는 마음에서 시작되는 것이 아닐까? 그렇기 때문에 때로는 어렵고, 때로는 두렵지만, 그만큼 소중하고 의미 있는 여정이 되는 것이라 생각한다.

깊은 우물에서 한 바가지의 물을 떠올리는 것과 같이 그 안에 책임과 애정, 그리고 진실한 마음이 담겨 있는 맑고 투명한 질문은 그 모습에서 답을 말해준다.

사람마다 질문을 받게 되는 시기 또한 모두 다를 것이고 그 질문에 대한 답들도 모두 비슷하면서도 다를 것이다. 그 이유는 각자의 삶을 살고 있기 때문일 것이다.

질문하는 것은 매우 어려운 일들 중 하나이다.

소중하기 때문에 위하는 마음과 배려가 있어 때로는 질문조차 하지 못할 때가 있다. 혹여 상처를 받지 않을까, 오해하지 않을까와 같은 마음에 어떠한 표현도 하지 못한 채 "진심"을 전하지 못하기도 하고, 반대로 하나부터 열까지 다 알려주고 싶은 마음에 건네는 말과 질문이 오해를 일으키기도 한다.

생각하는 마음 모두 같지만, 생각처럼 쉽게 전해지진 않는다. 말 한마디에 담긴 온도는 때로 너무 뜨겁고, 때로는 너무 차가워 서로를 멀어지게 하기도 하며, 조심스러운 진심은 오히려 왜곡되어 다르게 전해지기도 한다. 너무 많이 생각한 나머지, 아무 말도 하지 못한 채 마음만 간직하게 되는 순간도 있다. 그래서 염려와 다정함 사이에서 길을 잃고, 결국 말 대신 침묵을 선택하게 되는 때도 생긴다.

그래서 누군가에게 질문을 건넨다는 것은, 단순한 대화의 시작이 아니라 마음의 결을 조심스레 내어주는 일이 아닐까 생각한다. 가족에게, 친구에게, 혹은 연인에게 품은 질문은 때로 너무 뜨거워 아무 말도 꺼낼 수 없거나 너무 차가워 오해를 남기기도 한다.

함께 지낸 시간만큼 깊어진 감정들 속에서 어떤 말은 상처가 될까 두려워 침묵하게 되고 또 어떤 말은 전부 알려주고 싶은 마음이 앞서 의도를 넘어서기도 한다. 그만큼 질문이란, 말보다 많은 것을 담고 있으며 어렵고도 진중한 마음의 표현일 것이다. 하지만 가까운 이들에게는 조심스러움이 앞서 말 한마디 건네기 어려웠던 반면, 정작 마음의 거리감이 느껴지는 이들에겐 의외로 쉽게 질문을 던지고, 또 쉽게 판단을 내리게 되는 순간들이 있다.

관계가 멀수록 책임감도 흐릿해지고, 질문은 때로 관심이 아니라 이미 내 안에서 정리된 생각을 확인하려는 수단이 되기도 한다. 그 물음은 마치 듣기 위함이 아닌 상대보다 우위에 서려는 무의식의 표현처럼 다가오기도 하며, 때로는 가르치려는 말투로, 때로는 무심

한 단정으로, 상대의 마음에 상처를 남긴 채 지나가기도 한다.

질문은 그 자체로 다정함이 될 수도 있지만, 그 안에 담긴 태도에 따라 오히려 관계를 멀어지게 하는 차가운 칼날이 되기도 한다. 그래서 질문은 어려운 일이다. 때로는 너무 조심스러워 아무 말도 하지 못하게 만들고 때로는 너무 가벼워져 상대의 맥락을 돌아보지 못하게 한다.

질문이란 그 이면에는, 상대를 향한 존중과 자신을 돌아보는 성찰이 함께 있어야 하지 않을까? 단지 답을 끌어내는 말이 아니라, 함께 머물며 바라보는 시선이기 때문이다.

이미 마음속에 결론을 품은 채 건네는 말은, 비록 상대에게 닿는 형식을 띠고 있다 해도, 그 방향은 애초에 안으로 향해 있다. 타인의 응답을 듣기보다는, 스스로의 확신을 되새기는 독백에 가깝고 그러한 말은 경청을 전제로 한 소통이라기보다, 대화를 흉내 낸 자문자답(自問自答)에 머무르는 것일지도 모른다.

진심 어린 물음이라면, 그것은 언제나 머무름과 기다림을 동반하고, 누군가의 세계에 천천히 닿고자 하는 태도에서 비롯되어야 하지 않을까?

그래서 우리는 되묻게 된다.

"과연 지금 내가 건넨 이 말은, 상대의 목소리를 들으려는 마음에서 비롯된 것인가? 아니면 이미 정해둔 답을 확인하려는 욕망에서 비롯된 것인가?"라고 말이다.

무언가를 묻는다는 것은, 단지 해답을 얻기 위함이 아니라, 그 사람과 함께 머물며 바라보는 시선이 되는 일이다. 결국 그 안에는 타인을 향한 존중과 자신을 되돌아보는 성찰이 함께 있음으로써 마음을 여는 이해와 소통하는 공감을 향해 간다. 그 여정이 향하는 곳에는 단순한 답이 아닌 서로의 존재를 깊이 들여다보려는 따뜻한 마주침 그것이 질문의 본질이 아닐까?

질문의 뿌리

만약 누군가에게 질문하는 것에 있어 성찰의 깊이를 잊은 채 물으려고만 한다면 그것은 아마도 질문 속에 이미 답이 내재되어 있어서일 것이고 성찰의 깊이를 잊은 채, 누군가에게 답이 내재되어 있는 질문만을 하게 된다면, 그 질문은 의미 있는 성찰을 이끌어 내기 어려울 것이다.

누군가의 얘기를 듣고 함께 나아가기 위한 생각을 하기보다, 자신의 생각이 옳다는 그 질의응답(質疑應答)만을 얘기하고자 한다면 그 말은 결국 스스로 만든 틀 속에서 왜곡된 의미를 타인에게 던지는 일이 된다.

질문 안에는 듣고자 하는 답이 누구에게나 있다. 하지만 그 이유와 환경에 따라 비슷하면서도 다르고, 다르면서도 비슷한 의미들이 담겨 있는 답들이 나타난다.

같은 답을 하더라도 어떤 생각을 가지고 답하는지에 따라 그 대답한 사람의 이념(理念)과 관점(觀點)이 보이게 되고 질문과 답 속에서의 다름을 통해 생각하고 고민하면서 내 자신의 것과 함께 세상을 보고 그 안에서 함께 조율하며 만들어 가는 것이 삶이 아닐까?

질문과 답 속에는 책임이 있고, 애정이 있고, 진심이 있다. 그렇기 때문에 어려운 것이며 어렵기 때문에 더 소중하다. 서로의 생각을 이해하고 성장하고자 하는 진정성이 나를 만든다. 내 자신에게 질문하는 것과 누군가에게 질문하는 것 모두 진실과 진심으로 하게 된다면 나와 누군가를 이해하는 깊이가 더해진다. 진실과 진심의 질문은 때로 불편한 진실을 마주하게 하기도 한다.

그리고 나의 부족함, 나의 편견, 나의 한계를 드러내고 진짜 내 모습과 상대방의 모습을 보여주기도 한다. 하지만 이러한 불편함을 피하지 않고 마주할 때, 우리는 진정한 성장의 기회를 얻고 자신에게 던지는 질문이 때로는 가장 날카롭고 아프지만, 그만큼 깊은 깨달음을 받기도 한다.

마음의 문을 여는 열쇠처럼 상대방의 마음에 진심으로 다가가고자 할 때, 우리의 질문은 단순한 앎을 넘어 깊은 이해와 공감으로 이어지고, 이는 마치 오랫동안 닫혀 있던 문이 열리며 새로운 빛이 들어오는 것처럼 느낄 것이다. 그 빛이 스며드는 만큼 마음의 깊은 곳을 비추기 시작하고 상대의 마음에 다가가려는 만큼 나 자신의 내면으로도 스며들어 삶에 대한 생각과 배려를 이해하며 서로가 그렇게 묻고 또 묻는 질문 속에 서로의 깊은 곳 어딘가에 이해의 빛을 남기며 잔잔한 마음의 울림으로 서로를 기억하고, 그 울림이 퍼져 자신과 세상을 더 따뜻하게 만든다.

진정성이 있는 질문은 시간이 흘러도 그 가치를 잃지 않는다. 오히려 시간이 흐를수록 그 의미는 더욱 선

명해지고 깊어지며, 진실된 질문의 시간이 흐를수록 더 깊은 통찰을 주고, 거울처럼 지금의 자신을 끊임없이 보게 하여 스스로와 마주함으로써 "나"라는 사람을 진정으로 이해하고 마음속에 있는 자신의 본모습을 보게 되어 다가가게 하는 것이 아닐까?

타인에게 던지는 질문을 통해서도 내 자신을 발견하게 하며 세상을 이해하고 서로의 생각과 감정을 나누며, 함께 성장하는 기쁨을 경험하게 한다.

진정한 질문은 답이 정해져 있다기보다 넓은 바다를 항해하는 것처럼 목적지는 있지만, 그곳에 이르는 길은 하나가 아니듯 질문이라는 바다를 통해 새로운 길을 발견하고, 때로는 예상치 못한 곳에서 더 큰 가치를 발견하며 끊임없이 앞으로 나아가게 만들면서 세상과 나를 알게 하고, 사람을 알게 함으로써 인간(人間)이라는 나를 만나게 해주는 것이 아닐까?

진실을 향한 여정 속 진실된 질문을 통해 참된 인간을 만나게 해주는 것일지도 모른다.

질문은 마치 맑은 물과 같다. 깊이를 알 수 없는 깊은 우물처럼, 때로는 그 답이 쉽게 보이지 않고 그 깊이를 더해 갈수록 더 맑고 투명한 진실이 드러나기도 한다. 우리는 질문을 통해 서로의 생각을 비추는 거울을 마주하게 되고, 그 속에서 새로운 관점과 이해를 발견하며 단순히 답을 얻기 위한 도구가 아닌 서로를 이해하고자 하는 마음의 표현임을 깨닫게 한다. 함께 성장하고자 하는 의지가 되기도 하면서 질문 자체가 답이 되기도 하는 답 없는 질문이 더 큰 가치의 질문을 만나게 되기도 한다.

질문하는 이의 마음가짐에 따라 상대방의 마음을 열게 하고 서로를 이해하는 다리가 되어 단순한 대화를 넘어 생각과 감정을 나누는 소중한 교감의 온기가 되고 진실된 질문과 함께 앞으로 나아가는 힘이 된다. 생각하는 만큼의 의미를 담은 질문은 깊고 단단히 자리 잡은 뿌리가 되어 대화의 줄기를 더 단단하게 만들고 뿌리가 단단한 만큼 줄기도 어떤 것에도 버틸 수 있는 줄기로서 뻗어 나가 모양을 만들고 이해와 공감만큼 아름다운 잎이 되어 서로를 비추고 또 다른 누군가에게 영양분이 되는 지혜의 열매를 맺는다.

뿌리가 깊을수록 나무는 더 단단히 서고, 줄기가 굵을수록 더 높이 자랄 수 있듯 진정성 있는 질문은 관계를 더욱 견고하게 만들고 계절의 변화처럼 서로의 마음도 변하는 경우가 있을 수 있지만 깊이 뿌리내린 진실 속의 질문은 어떤 폭풍도 견뎌낼 수 있는 힘이 되어, 오해와 감정의 흔들림 속에서도 결국 진심은 신뢰로 이어지고, 그 신뢰는 단단히 선 나무처럼 삶을 지탱하는 존재가 되어 흔들림 없는 뿌리를 바탕으로 단단히 지탱하는 나무로 자라난다. 그렇게 우리는 서로를 믿음과 우정 그리고 사랑으로, 그 나무들은 쉽게 흔들리지 않는 믿음의 잎을 피우고 숲을 이루게 되는 것이 아닐까?

질문의 나이테

질문은 '나이'와 같다.

나무가 매년 나이테를 새기듯, 사람 역시 삶의 물음과 성찰 속에서 켜켜이 경험을 쌓아간다. 그 축적된 무늬들은 바람과 비, 어둠을 견디고 성장하며 지혜를 품은 단단하고 넓은 품의 존재로 빚어냄으로써, 그 단단함은 스스로를 지탱하는 뿌리가 되고 흔들리는 순간마다 다시 중심을 세우게 한다.

그 넓은 품은 나를 받아들이는 용기로 이어지며 스스로를 깊이 이해할 수 있는 바탕이 된다. 그렇게 쌓인 지혜는 삶을 더욱 넓게 바라보게 하여, 타인을 있는 그대로 이해하는 시선으로 확장되고, 단단해진 나는 결국 타인의 마음에 닿는 온기 있는 존재로서 성장해 간다.

그것을 통한 깨달음과 삶의 깊이가 내면 깊숙이 축

적되며 인생의 결을 이루고, 사람 됨과 인격의 층위를 지나 스며든다. 그 무게는 모습과 언행 속에 고스란히 배어 나오고, 삶의 질문과 응답이 시간 속에 스며들며 스스로의 내면을 비추다가 본래의 자신과 마주보게 된다. 그렇게 나 자신의 삶에 새겨진 나이테의 두께를 가늠하게 되고, 그 속에 쌓인 지혜와 경험을 통해 비로소 나와 세상을 이해하는 시야를 얻게 된다.

그러나 그 본모습을 자각하지 못한 채 자신이 어디에 서 있는지조차 모른다면, 의도치 않게 누군가를 다치게 하거나 소중한 것을 잃게 되고, 자기 자신을 잊은 채 끝없는 방황 속에서 존재의 길을 헤매며 의미를 잃은 시간 속에 머물다, 결국 스스로조차 희미해지고 흐려지듯 존재의 중심을 잃어 갈 위험에 놓일지도 모른다.

우리는 이 긴 여정 속에서 끊임없이 자신에게 되묻는 법을 배워가는 걸지도 모른다. 스스로에게 던진 물음들이 응답을 기다리는 동안, 삶은 때론 멈춰서 바라보게 하고, 때론 돌아서 생각하게 하며, 그렇게 천천히 자신을 이해하게 만든다. 성찰은 늘 즉각적인 답을 주지는 않지만, 쌓여가는 질문의 무게는 시간의 흐름 속에서 나를 조금씩 다듬어 가고, 결국 내가 살아온 모든 날들을 통해 나를 이해하고, 품은 깊은 의미에 천천히 닿게 하며 더 넓은 삶의 이치를 배우게 한다.

나무의 역사를 나이테로 깊이를 가늠할 수 있듯 질문은 우리의 내면도 말과 행동에서 가늠할 수 있지 않을까 생각해 본다.

알기 위해 묻고 알기 위해 대답하고 알리기 위해 묻고 대답하듯 물음표라는 굴레에서 모든 것이 반복되며 세상과 소통한다. 나무는 자리를 잡으면 그 자리에서 어떤 상황이든 평생을 살아간다.

그저 묵묵히 어떤 환경에서든 자신이 할 수 있는 것을 하며, 길다면 길고 짧다면 짧게 맡은 바의 일에 충

실하게 하고 생을 마감한다. 수년에서 수백수천 년을 한자리에 있으면서 그곳에 있던 모든 생물들의 쉼터가 되어 주기도 하고, 안식처가 되어 주기도 하면서 생명 언어로 모두와의 교감한 연륜이 느껴지는 한 그루의 나무로 서서히 변하듯, 우리 인생의 질문도 그 하나의 질문을 시작으로 서서히 알아가고 새로움과 깨달음을 얻으며 성장과 통찰을 통해 이해와 지혜의 "나"를 만나게 한다.

마치 깊은 산속의 고목이 세월의 흔적을 몸에 새기듯, 우리의 질문도 시간과 함께 깊어지며 때로는 봄비처럼 부드럽게, 때로는 폭풍우처럼 거세게 우리를 두드리며 내면의 변화를 일으킨다. 처음에는 얕은 뿌리였던 물음이, 시간이 흐르면서 더 깊은 곳의 양분을 찾아 또 다른 물음을 찾고, 그렇게 우리는 질문을 통해 자신의 본질에 가까워지는 것이 아닐까? 나무가 계절의 변화를 받아들이고 스스로를 단단하게 만들 듯이 우리도 질문을 통해 삶의 순환을 이해하고 높은 산을 오르다 만난 고목처럼, 깊이 있는 질문 앞에서 걸음을 멈춰 생각하고 고민하며 인생을 돌아보고 그 과정에서 자신이 어떤 존재인지 그리고 나 자신의 인생의 가치가 어떤 의미를 지니고 있는지를 깊이 성찰하게 되는 것이 아닐까 생각해 본다. 이러한 성찰은 마치 나무가 뿌리를 깊이 내리며 안정감을 찾는 것과 같을지도 모른다.

우리는 자신의 경험과 감정을 되짚어 보며 그 멈춘 곳들에서 진정한 자신을 조금씩 마주하게 된다. 멈춘 곳에서 자신을 조금씩 알아가고 만나면서 질문을 통해 자신의 가치와 목표를 재정립하고 그에 따라 나아갈 방향을 결정하며 자신의 과거 경험에서 배운 교훈을 상기하고 더 나은 선택을 할 수 있는 힘을 기르게 된다. 이러한 과정은 단순히 답을 찾는 것이 아닌 그 답을 찾기 위한 여정 속에서 자신을 발견하는 과정이 아닐까 생각해 본다.

결국 우리는 질문을 통해 자신의 정체성을 확립하고, 그 정체성을 바탕으로 더 나은 삶을 살아갈 수 있는 힘을 얻게 됨으로써 우리가 자신을 이해하고 성장할 때, 그 과정은 다른 이들에게도 영향을 미친다. 서로의 질문에 귀 기울이며, 그 질문을 통해 서로를 이해하고 공감하는 연결의 다리가 되어, 그 다리를 통해 우리는 더 나은 세상을 만들어 가는 기회를 만들고 얻는 질문의 여정 속의 삶에서 단순히 답을 찾는 것이 아닌, 그 과정에서 자신을 발견하고, 삶의 의미를 찾아가는 것이 아닐까?

나무가 뿌리를 깊이 내리며 성장하듯, 우리도 질문을 통해 자신의 뿌리를 찾고, 그 뿌리에서 자양분을 얻어 더 높은 곳으로 나아가 성장시키는 원동력이 된다. 그 질문을 통해 우리는 더 나은 내일을 향해 나아갈 수 있는 힘을 얻게 되고, 삶의 여정에서 마주하는 모든 질문은 나무의 나이테처럼 우리를 더 깊은 이해와 지혜로 이끌어 줄 것이다.

질문의 포옹

내 자신에게 어떤 답을 해주느냐에 따라 내 인생의 삶이 달라질 수 있고

누군가에게 어떤 질문을 하느냐에 따라 내 인생의 삶도 달라질 수 있다.

누구든지 어떤 마음을 갖고 전하는지에 따라 서로의 삶이 달라지는 것이 아닐까?

질문이란 이렇게 연결되어 내 자신의 인생과, 누군가의 인생에 큰 영향을 주고, 그 영향은 마음에서 이심전심(以心傳心)이 될 수 있으며, 돕고 의지할 수 있는 상부상조(相扶相助)가 될 수 있다.

질문 또한 마찬가지로, 무엇을 어떻게 왜 하는지에 따라, 그 답은 달라지고, 그 답에 따라 질문도 다양하

게 되듯, 질문이 있기에 답이 있고, 답이 있기에 질문이 있듯이, 끊임없는 질의응답(質疑應答)을 통해, 진리를 알아가는 것이 아닐까?

나이를 더해 갈수록 질문은 그 깊이를 더하고, 어린 아이의 순수한 호기심에서 시작된 질문이 경험과 성찰을 거치며, 더욱 깊어지고 무게를 갖게 되는 것처럼, 시간이 흐를수록 더욱 깊어지는 강물같이 우리의 질문도 시간과 경험을 담아 더욱 깊어진다.

만정(萬情)이 담긴 질문은 상대방을 향한 온전한 관심과 배려가 담겨 있다. 누군가는 자신의 생각과 마음을 그대로 표현하는 사람이 있는 반면 또 다른 사람은 무심하게 말하는 듯하지만 모두 똑같이 상대방을 위한 따뜻한 마음들이 들어 있다.

질문을 받는 입장에서 그것을 느낄 때 특별하지는 않지만 자신을 위해 진심을 담아 물어봐 주는 것만으로도 특별한 관심과 감사함을 느끼게 된다. 그러면서 조금씩 서로의 마음을 이해하게 되고 또 다른 진심 어린 질문을 통해 서로에 대한 생각과 마음을 읽어내며 서로를 포옹하듯 특별한 언어가 되어, 서로의 마음을 이어주는 끈이 되고, 보이지 않는 다리가 된다.

건강한 질문은 우리의 인생을 배우게 도와주고, 답을 통해 나아갈 수 있도록 움직이게 하고, 세상을 성찰하며 사회를 알고 내 자신과 누군가의 삶 속에서 반드시 질문을 해야 할 질문을 하도록 만들어 주는 것이 아닐까? 그 질문은 다 똑같지는 않을 것이고 환경도 다 다를 테지만 그 핵심은 같을 것이라 생각한다.

"무엇을 위해 사는가?"

이 질문을 똑같이 받았다고 했을 때 누군가는 함축적인 의미가 많은 질문으로 받아들여지는 사람도 있을 것이고 간단하게 바로 답이 나오는 질문으로 받아들여지는 사람도 있을 것이다.

어떤 생각이 들었든지 중요한 것은, 건강한 질문은 우리의 삶을 변화시킨다는 것이고, 지금의 당신이 어떤 생각이 들고 답이 나오는지도 중요하다는 것이다. 또한 지금의 답처럼 나중의 답도 중요하다는 것을 잊지 않았으면 한다. 지금의 답은 또 다른 누군가의 삶에 대한 이유를 물을 것이고 그 물음은 다시 새로운 답과 질문을 낳아 나 자신을 성장시키는 삶으로 이끌며 내 곁에 있는 이들 또한 스스로를 돌아보게 하고 더 건강한 삶을 느끼게 해주지 않을까 생각한다.

이 시작은 별것 아닌 질문에서일지 모르지만 진실된 마음으로 시작된 건강한 질문은 나뿐만이 아닌 모든 이들에게 영향을 주고, 서로의 한마디로 위로하고, 포옹하듯 힘이 되어 주고 버팀목이 되어 주며 살아갈 수 있는 희망이 되어 주는 것이 아닐까?

그리고 이 희망은 작은 질문에서 비롯되어 우리 서로에게 던지는 질문들 하나하나가 당장은 큰 변화나 혁신을 일으키지 않을지도 모르지만 그 작은 질문은 시간이 지나며, 큰 물결을 만들어 내고 그 순간의 진실을 직시하게 하면서 마음속 깊은 곳에서 꺼내어야 할 답을 발견하게 만든다. 하지만 때로는, 질문을 던지기 어려운 순간과, 두려움, 그리고 불안이 우리를 억눌러 생각하지도 못하게, 즉 질문하지도 못하게 만들 때도 반드시 있을 것이다. 그런 순간에도 잊지 말아야 하는 것은 어쩌면 질문이 없으면 그 자리에 멈춰 있게만 된다는 것일 것이고 그렇기에 그 자리를 벗어나려면 먼저 무엇을 묻고 그에 대해 진지하게 답하려는 용기가 필요할지도 모른다.

그 질문들은 내면의 깊은 갈등을 드러내기도 하고, 외부 세계와의 연결고리를 만들어 주기도 할 것이다. 하지만 질문이 우리에게 주는 가장 큰 선물은 우리가 어떤 길을 가야 할지 그리고 무엇을 위해 살아야 할지에 대한 방향을 제시해 준다는 점이다.

때로는 답이 명확하지 않더라도, 그 질문을 통해 우리는 점점 더 나아갈 수 있는 힘을 얻고 그 힘은 결국 나 자신을 넘어 내 주변의 사람들과 사회, 즉 세상에까지 따뜻한 포옹처럼 희망을 주는 시작점이 되어 단순한 의문의 질문이 아닌, 변화를 위한 첫걸음이자 서로를 이해하는 다리이며 삶을 살아 갈 수 있게 만드는 근본의 시발점일지도 모른다.

질문이라는 퍼즐판

질문이 인생 그 자체일지도 모른다. 살다 보면 어떤 질문을 하게 될지 모르고 끊임없는 삶의 상황 속에서 새롭기도 하면서 비슷한 질문들을 통해 자신만의 조각으로 퍼즐을 맞추듯 한 조각 한 조각씩 여기에도 끼어 보고 저기에도 끼어 보면서 조각에 맞게 맞춰 보기도 하고 내 자신이 하고 싶은 대로 끼어 보기도 하면서 그 모양에 맞는 그림의 질문과 답에 따라 퍼즐을 계속 맞추면서 살아간다.

누군가는 조각을 맞출수록 잘 풀리면서 많은 모양과 자신이 원하는 쪽의 퍼즐판을 만들어 가지만 또 다른 누군가는 맞춰 볼수록 맞지 않아 퍼즐 조각을 찾고 만들면서 겨우겨우 맞추고 맞춰 간신히 그림의 틀을 만들어 간다.

인생의 퍼즐에는 많은 주제의 퍼즐판과 그림들이 있

다. 그렇다면 어떤 퍼즐판에 어떤 그림을 완성해야 완성적인 삶일까?

우리는 굉장히 큰 “인생”이라는 퍼즐판을 각 개인마다 가지고 있다.

모두가 가지고 있지만 누군가는 완성하고 또 다른 누군가는 미완성인 채 끝내기도 한다. 또한 어떻게 선택했는지에 따라 완성이라고 볼 수도 있고 미완성이라고 볼 수도 있는 광범위한 것이 인생이라는 퍼즐판일지도 모른다.

그렇다면 인생이라는 퍼즐판은 어떻게 해야 완성이 되는 것일까? 모든 색이 어우러지고, 빈틈없이 들어맞아야만 좋은 그림이라 할 수 있을까? 아니면, 어딘가 조금은 비어 있어도, 그 빈틈마저 나다운 그림이라 말할 수 있을까? 우리는 모두 같은 그림을 향해 가는 것이 아니라, 서로 다른 조각, 다른 방식, 다른 속도로 각자의 퍼즐을 맞춰 가고 있다. 그 퍼즐이 타인의 것이 아닌 '나의 그림'으로 그려질 때, 비로소 진짜 삶이 시작된다.

완성은 누군가의 평가가 아닌, 내가 이 조각들을 진심으로 들여다보고 있는지와 그 안에서 나를 발견하고 있는지 아는 것만으로도 충분히 인생이라는 퍼즐을 잘 맞춰 가는 것이 아닐까 생각해 본다. 그렇게 나라는 인생의 퍼즐판을 알게 되었다면 그와 동시에 나와의 인생의 퍼즐판도 함께 만들어 가지는 것이 아닐까? 인생이란 퍼즐판은 나의 퍼즐판이기도 하지만 모두와 연결되는 퍼즐판이기도 하다. 나의 조각 하나는 누군가의 조각과 맞닿아 있고 그 누군가의 조각은 또 다른 누군가의 조각과 연결되어 있다.

인생이란 퍼즐판은 단지 개인의 인생의 퍼즐이 아닌 지구의 거대한 판 위에 놓인 하나의 조각이자 모든 생명의 시대의 조각과 시간과 공간 속에 맞물린 완성의 흔적일지도 모른다. 그렇기에 상황과 질문에 따라 어떤 이는 사랑이라는 그림을 먼저 맞추고, 또 다른 어떤 이는 상실(喪失)이라는 그림을 맞추며, 자신과 타인에 대한 조각들을 통해 나를 이해하고 우리라는 퍼즐판과 맞물리게 되면서 함께 인생이라는 퍼즐판을 만들어 가는 것이 아닐까?

상황과 질문에 따라 무엇을 먼저 완성해 나가는지 달라진다. 이 부분을 '우리로서' 생각을 해 본다면 분명 모든 주제의 그림 조각들이 똑같을 경우는 드물 것이고 서로 똑같이 맞춰 볼 수는 없을 것이다. 그럼에도 우리는 각자의 조각 속에서 서로의 그림을 마주하며 같은 듯하면서도 같지 않은 퍼즐을 맞춰 가고, 틀린 듯하면서도 결국 연결되는 조각들 속에서 서로의 다름을 통해 조금씩 변화하고 성장한다.

비슷하게 맞춰 봄으로써 많은 경험과 생각들을 통해 비슷하거나 똑같은 퍼즐 조각으로 사람과 환경을 만나고, 그 속에서 또 다른 조각들을 얻어 각자 삶의 퍼즐을 계속 맞춰 나간다. 누군가는 자아를 먼저 그리고 또 다른 누군가는 타인을 통해 나를 이해하며, 각자가 가진 질문에 따라 만듦의 순서와 방식은 다르지만 서로의 조각을 비추어 보며 또 다른 나 자신을 발견한다. 비슷한 색의 조각을 함께 들여다보며 서로의 그림을 존중하고 그 연결하는 과정 속에서 우리는 더 깊은 삶의 조각들을 얻게 됨으로써 그렇게 얻은 퍼즐 조각은 나만의 것이면서도 동시에 모두의 퍼즐판에서 공명하는 일부가 된다.

그러면서 한 부분의 완성된 그림을 보고 내 자신이 어떠한 삶을 살아왔고, 누구와 함께하고 있는지 생각하면서 과거부터 현재와 미래까지 자신의 모습을 되짚고 새기며 그 그림 속 조각들을 통해 또 다른 삶의 방향을 발견해 간다. 그 퍼즐의 그림이 점차 완성되어 갈수록 또 다른 조각들도 자연스레 연결되는 그림의 윤곽을 나타내게 되며 자신을 이해하는 여정을 통해 인생이라는 큰 퍼즐을 만들어 간다. 그렇게 자신과 마주하고 수용한 마음은 다음 퍼즐을 위한 조각들을 천천히 찾아 나서게 함으로써 새로운 조각들이 들어갈 여백을 기꺼이 남겨두고 경험의 조각들을 끊임없이 비워내고 채워가며 인생에 대한 퍼즐 조각의 의미가 깊어져 가는 것이 아닐까? 어떤 생각으로 그 마음을 품었고 어떤 다짐으로 살아가고 성찰하며 굳혔는지에 따라 조각을 골라내고 만들고자 하는 퍼즐 그림의 윤곽을 빠르게 혹은 느리게 만들어 간다.

퍼즐을 맞출 때의 손의 감각과 생각(마음에 품고 있는 것)처럼 어떤 것을 먼저 손에 쥐고 그 조각들을 어디부터 맞추기 시작할지는 결국 내가 어떤 시선으로 삶을 바라보고, 무엇을 먼저 마주하고 싶은가에 따라 윤곽이 들어나고 퍼즐을 만들어 나간다.

마음을 품는다는 것은 단순히 어떤 감정을 지닌다는 것 그 이상일 것이고 그것은 방향을 정하고 길을 걸어가겠다는 내적인 선택이자 다짐이기에 모든 조각이 비슷해 보이는 별것 아닌 퍼즐의 한 조각일지라도 확고

한 신념이 깃든 그 조각들은 시간과 삶의 결이 스며든, 존재를 이루는 조각이자 내면을 따라 새겨진 흔적일 것이다.

겉으로 보기에는 평범하거나 때로는 왜곡된 모양일 수 있지만 그 안에는 우리가 지나온 시간, 견뎌온 마음, 반복된 질문과 "답들의 깨달음"들이 고스란히 담겨 있다. 단지 그림의 일부분일 뿐이라는 생각으로 흘려보낼 수 없는 이유도 바로 그 안에 내 인생의 방향성과 의미가 담겨 있기 때문이다.

신념이 깃든 조각은 단순한 조형이 아니라 내면의 자세와 태도를 반영하기에 조각을 맞추는 행위는 단순한 배치가 아닌 자신이 살아낸 증거를 하나하나 인정하고 받아들이는 과정일 것이다. 때로는 그 조각이 왜 필요했는지 그리고 어디에 들어맞는지조차 오랫동안 알지 못한 채 살아가지만 시간이 흐르면서 그것이 퍼즐 그림의 전체를 완성하는 데에 얼마나 중요한 조각이었는지를 깨닫게 되고 그때 비로소 알게 된다.

인생이란 퍼즐에서 가장 소중한 조각은 화려하고 눈에 띄는 것이 아니라, 내가 진심을 담아 선택하고 품었던 조각이라는 것을.

그것이 바로 나를 이루는 뼈대이고, 방향이자 단단한 나무의 중심 같은 존재라는 것을 말이다. 삶의 퍼즐은 단순히 '그림을 완성하는 것'이 아니라, 내가 어떤 조각을 우선시하며 어떤 모양으로 그림을 그려 가고 싶은지에 따라 달라진다. 어떤 이는 사랑이라는 조각을 먼저 집으려 하고, 또 다른 이는 자신의 내면이라는 조각부터 바라보며 집는다.

누군가는 관계와 타인이라는 복잡한 조각 속에서 삶의 중심을 찾고자 하며, 또 누군가는 고독과 침묵의 조각에서 삶의 울림을 들으려 한다. 어떤 조각을 통해서든 반드시 중요한 것을 알게 됨으로써 우리는 또 다른 인생의 퍼즐의 주제를 발견하게 되고 한순간에 지나지 않아 보이던 그 퍼즐 조각이 되돌아보면 매우 중요한 삶의 전환점의 퍼즐 조각이었다는 걸 깨닫게 된다. 내 자신이 걸어온 시간과 방향을 이해하게 되고 삶을 구성하는 수많은 조각들 속에서 무엇이 나를 만들어왔고 이끌어 왔는지를 자각하게 됨으로써 그 작은 조각 하나에 담긴 의미는 지나온 날들을 다시 바라보게 하고 앞으로의 삶을 새롭게 그려 나가게 만든다.

사랑이라는 조각을 먼저 맞춘 이는 관계 속에서 자신의 거울을 보고 그 거울은 타인을 비추지만 결국엔 나를 비추고, 그 과정에서 사랑이라는 감정이 지닌 복잡성과 깊이 그리고 그것이 이끄는 성장의 무게를 알게 된다. 사랑을 맞추려다 마주하게 되는 갈등과 상처, 그럼에도 다시 품게 되는 마음, 그 일련의 감정들 속에서 우리는 깨닫는다. '아, 이것이 사랑이라는 이름으로 내 삶 속에 놓인 중요한 조각이었구나.' 그리고 그 사랑을 통해 많은 조각들을 발견하게 된다. 그렇게 하나의 조각에서 삶의 본질을 생각하며 경험과 함께 많은 시간을 필요로 할 수도 있겠지만 그 조각을 맞추는 과정은 어쩌면 그만큼 깊고 단단한 통찰이 담긴 자신의 그림자와 부딪히며 나 자신의 민낯을 마주하는 그 여정 속에서 수용과 연결이라는 새로운 조각들을 발견하고 그 안에 담긴 관계와 타인이라는 또 다른 복잡한 조각 속에서 사회라는 또 다른 퍼즐을 맞춰 나가는 것이 아닐까?

그 안에는 끊임없는 충돌과 갈등 이해와 오해가 함께 따라오고 그 과정 속에서 '책임'이라는 조각을 통해 공동체 안에서의 나의 자리와 역할을 알게 됨으로써 그 앎을 통한 지혜들은 조화라는 조각을 만들어 그 책임의 무게에 대해 알아가게 한다. 때로 그 책임은 고독과 침묵을 보게 하고 안심과 행복 등을 느끼게 하며 인생에 있어 무엇이 얼마만큼 중요한 것들인지 알려주는 시발점이 되어 주기도 한다.

인생이라는 퍼즐 속에서 책임이라는 조각은 마치 그

림 전체의 균형을 잡아주고 생명력을 부여하는 색처럼 이 색은 다른 조각들이 제자리를 찾도록 방향을 제시해 주고 그림 전체의 조화를 이루는 데 없어서는 안 될 본질적인 배경이 된다. 만약 이 색이 빠진다면 그림은 완성되어 보일지 몰라도 깊이와 중심을 잃은 흩어진 색처럼 인상을 남길지도 모른다.

책임은 단순히 짐을 짊어지는 것이 아니라 나를 이루는 삶의 구조이자 타인과의 관계 속에서 색을 띠게 해주는 본질적인 조각이다. 그렇기에 그 하나의 조각이 제자리를 찾을 때 비로소 나머지 조각들도 각자의 자리에서 고유의 빛을 내기 시작한다. 그 조각들의 고유의 빛이 하나하나 모이고 맞춰질수록 퍼즐판의 중요한 것들이 빛을 내며 그 빛을 통해 내 자신의 모습을 보게 됨으로써 어떤 곳에서 조각들을 찾아야 하는지 알게 된다. 우리는 각자의 인생이란 퍼즐판에 맞는 특별한 조각을 한 가지씩 발견하게 된다.

하지만 나 자신에게 있어서 특별한 조각이라고 하여 무조건 좋은 조각이라고 볼 수도 없다. 왜냐하면 어떤 그림에 맞춰지는지 그리고 어떤 때에 맞춰지는지에 따라 그것이 복이 될 수도 있고 독이 될 수도 있기 때문이다. 그 특별함은 분명 굉장한 능력이 되겠지만, 그 능력을 어떤 곳에서 어떻게 발휘하게 되는지에 따라 그 의미와 영향은 전혀 달라지는 것이 아닐까? 마치 날카로운 칼이 생명을 지키는 도구가 될 수도 있고 누군가를 위험하게 만들 수도 있듯 우리의 '특별한 조각'도 그 맥락과 상황에 따라 완전히 다른 의미를 갖게 된다.

어떤 이의 진실함은 타인에게 깊은 울림을 주고 마음을 움직이는 힘이 되지만 때와 상황을 고려하지 않은 진실함은 오히려 관계를 깨뜨리고 마음에 상처를 줄 수도 있다. 또 어떤 이의 추진력과 결단력은 위기를 돌파하고 새로운 기회를 여는 열쇠가 되지만 그것이 조급함과 독단으로 흐를 경우 공동체 안에서 흐트러짐과 소외를 낳을 수도 있다.

특별한 조각은 그래서 언제나 조심스럽게 다루어야 하는 조각이라고 생각한다. 그것은 내가 가진 무기이자 가능성임과 동시에 나 자신의 시험대가 된다. 중요한 것은 그 조각이 좋은 조각이냐 나쁜 조각이냐가 아니라 내가 얼마나 그것을 이해하고 책임 있게 어떤 곳에 맞추어야 하는지가 아닐까? 만약 그림의 전체적인 맥락을 보지 못한 채 그 한 조각에만 집착하며 만들어 내려고 한다면 결국 그 조각은 제자리를 찾지 못하고 목적과 방향을 잃은 채 특별한 조각이 아닌 보잘것없는 조각으로 변해 버릴지도 모른다. 그 조각은 분명 특별한 것이었지만 목적과 방향성을 잃는 순간부터 어느 곳에도 어울리지 못해 주변에 있는 모든 조각의 모습들도 서서히 흐려지고 왜곡되게 만든다. 처음엔 그 특별한 조각이 전체 그림을 이끌어 주는 중심이자 기준처럼 보였지만 시간이 지날수록 그 조각만을 맞추려는 집착은 다른 조각들의 자리와 의미를 무너뜨리고 다른 조각들이 지닌 고유한 빛과 무늬는 그 특별함에 종속된 모양으로 변형되어 결국 하나의 색과 형태에 휩쓸

린 채 조화를 잃어 그 특별한 조각조차 더 이상 특별하지 않게 되고 다른 조각들과의 어울림 속에서 더욱 빛날 수 있었던 그 특별한 조각은 혼자만 더 이질적이고 튀는 잔상으로 굳어져 지울 수 없는 흔적이 되어 버릴지도 모른다. 하나의 조각이 아무리 특별하다고 해도 그 특별함은 전체 조각들과의 조화로움을 통해 그림을 완성할 수 있는 것이라고 생각한다. 그 완성된 '내 인생의 그림'은 또 다른 누군가의 퍼즐에 영향을 주고, 나도 누군가의 조각과 그림을 통해 더 특별해지는 것과 더 나아가 우리의 특별함은 "세상"이라는 퍼즐판의 또 다른 한 조각이 되어, 나라는 사람의 인생이라는 조각의 고유의 특색과 다른 사람들의 조각들을 비추며 조화를 이루어 만들어 가는 것이 인생의 퍼즐이 아닐까?

질문의 걸음

우리는 모두 섣부르게 하면 안 된다는 것을 알고 있고, 천천히 할수록 잘된다는 것도 알고 있다. 하지만 때로는 자만과 확신이라는 것들로 인해, 실수하는 경우가 생기고 조심하고 신중하게 한다고 했지만, 그 속에서 실수하는 경우도 있다. 하지만 그 모든 걸음이 우리를 성장으로 이끌고 실수와 성공 사이에서 끊임없이 가르침을 받는다. 자만은 우리의 시야를 좁게 만들고 확신에 가득 찬 순간 우리는 종종 다른 가능성을 보지 못한 채 한 길만을 고집하며 본질을 잊어버리고, 단편적인 것들에만 집중하며 무작정 달려가려 할 때가 있다. 앞에 보인 무언가 때문에 확신이 있어 자신의 생각과 신념대로 쉼 없이 달려갔지만 별것 아닌 것이나 아무 것도 없는 것에 좌절과 허무함, 실패에 대한 두려움과 짜증, 분노 등이 밀려오기도 한다.

신중함도 역시 너무 조심스러워 한 발자국도 내딛

지 못하는 순간이 있고, 또 지나친 신중함이 오히려 기회를 놓치게 만들기도 한다. 그러면서 자만했을 때와는 또 다른 후회와 여러 감정들이 힘들게 하고 별것 아닌 일에도 자신을 질타하며 괴로워하기도 한다. 하지만 이러한 경험들이 또 다른 깨달음을 주고 나를 성장시키게 되는 밑거름 되어 소중한 배움 기회의 시작점이 되어 준다.

실수는 단순한 실패가 아닌, 성장을 위한 과정이자 새로움의 시작이 아닐까?

우리의 걸음은 모두 똑같을 수 없고 다를 수밖에 없다. 다름을 통하여 서로를 생각하고 그 생각을 통해 내 자신이 어떤지를 보게 됨으로써 내 기준만이 정답이 아니라는 것을 알게 된다. 같은 질문을 받았지만 누군가는 아주 느린 걸음으로, 다른 누군가에게는 아주 빠른 걸음으로 가야 적절한 시기에 답을 얻을 수 있다는 것을 깨닫는다.

서로가 똑같은 질문을 받았지만 답을 얻어야 하는 상황이 다른 이유는 무엇일까?

그것은 "당신이기 때문이다."

당신의 생각이 곧 질문이고 당신의 생각이 곧 지혜이다. 당신의 걸음이 어떤 쪽이든 그것은 어떠한 이유가 반드시 있어서일 것이고 당신의 상황에 맞게 가는 것이라 생각한다.

무엇을 향해 어디를 가고 있는지 알고 있다면 자신의 걸음 속도를 상황에 따라 걷기도 하고 뛰기도 할 것이다. 그리고 때로는 멈춰 서서 내 자신이 가고 있는 그곳은 어떤 길이며 어떠한 곳인지를 둘러보고 돌아보면서 정말 이 길이 나에게 맞는 길인지 아닌지에 대해 생각하며 나아갈 때 또 다른 길을 발견하게 되기도 할 것이다.

그러나 무엇을 향해 어디로 가고 있고, 방황 속에서 어떤 길을 선택해야 할지 몰라 두렵고 불안해 한 발자국도 내딛지 못하거나 당장의 욕심으로 선택한 길에서 방향을 잃고 생각했던 것과 전혀 다른 상황을 만나게 되어, 어느 지점에서는 어떻게 나아가야 할지 몰라 그저 머뭇거리기만 하고 망설이기만 하며 한참 동안 그 자리에서 맴돌기만 하는 헛된 시간을 보내게 되기도 한다. 하지만 그 시간들은 모두 절대 쓸데없는 시간들이 아니고 나를 알고 세상을 알게 되는 중요한 시간이다.

그 '모름' 또한 우리의 삶이다.

우리는 종종 모르기 때문에 불안해하지만 사실은 모른다는 그 상태 자체가 우리의 삶을 이끌어 가는 중요한 출발점이 되기도 한다. 내 자신이 왜 여기에 있고 무엇을 위해 이 길을 가고 있는지 모르는 시간들 속에서도 우리는 결국 어디론가 가고 있다는 것을 통해 생기(生氣)를 느낀다.

그리고 그 길 위에서 겪는 혼란과 두려움은 나를 알아가는 과정의 일부가 되어 걷고 뛰며 멈추던 순간들이 혹여 나와 맞지 않는 상황이었다 하더라도 그 모든 과정 속에서 내 자신이 누구이며 무엇을 원하는지 알게 됨으로 오히려 알고 걸어간 길보다 모르고 헤매며 실수하고 넘어졌던 그 길에서 더 깊은 성찰을 통한 가치(價値)와 의미(意味)를 발견하는 순간들이 우리를 성장하게 만드는 것이 아닐까?

지금 어딘가로 향해 가고 있든지 중요한 것은 그 모든 시간이 헛된 시간이 아니라는 것이다. 그 많은 경험들 속의 과정과 결과들은 우리 스스로를 비추어보게 하고 나아갈 곳을 알려주며 끊임없는 질문을 통한 삶의 본질을 알아가는 것이 중요한 것이 아닐까 생각해 본다. 모른다는 것은 어쩌면 '내가 살아가고 있다는 가장 솔직한 증거'일지도 모른다. 왜냐하면 모든 것을 알고 모든 것을 예측할 수 있는 인생이라면 그 안에는 더 이상 새로움과 가능성 그리고 나를 찾는 과정이 존재하지 않을 수 있기 때문이다. 길을 알고 나아가는 것도 좋지만 모르는 채 헤매며 부딪히는 순간들 역시 내 삶의 값진 방향을 만들어 주는 시간임을 잊지 말아야 할 것이다. 지금 모른다 해서 실패한 것도 아니고 멈춰 선 것도 아니다. 오히려 그 '모름'의 시간들을 통해 예상치 못한 길과 자신을 만나게 됨으로써 때로는 각고면려(刻苦勉勵)하여 온고지신(溫故知新)함이 나를 알게 하고 앎은 질문을 비추고 성찰로 이끈다. 성찰은 지혜를 부르고 지혜는 나에게 묻는다. '모름'은 나를 가로막는 두려움이 아닌 나를 걷게 하고, 나를 묻게 하며, 결국 나를 찾게 하는 또 다른 나 자신의 거울이 아닐까?

우리는 세상 속에서 진짜 나를 찾는 여행을 하고 있는 것일지도 모른다. 그 여행의 갈림길에서 '진짜 자신의 모습들'을 만남으로써 생각했던 것들과 고민들을 함께 묻고 답하며 신중히 선택한 "질문의 걸음"을 통해 알게 된 통찰과 지혜가 또 다른 질문들과 답을 만나게 해 준다. 점차 그 이유들을 하나씩 알게 되었을 때마다 그것에 맞는 질문들이 길을 만들고 작은 떨림을 일으키며 끊임없이 각 길의 답을 찾기 위한 걸음을 멈추지 않게 한다. 때로는 뛰고 때로는 멈칫하듯 상황을 판단하며 아주 잔잔한 걸음으로 남들과 조금 다른 방향과 속도 그리고 '나'를 발견하는 방법을 찾아가는 끝이 없는 걸음, 즉 질문의 순리(純理)의 길을 통해 알아가는 것일지도 모른다. 그 가는 길에서 새로운 환경과 생각과 고민을 알고 '나의 걸음'을 통한 질문의 본질을 깨달으며 살아가는 것이 질문의 역할이 아닐까?

그렇기에 어쩌면 질문의 길에 끝을 생각하기보다 새로운 질문 속에서 새로움과 즐거움을 찾고 힘듦 속에서도 어떤 길에서 어떻게 걸어가야 하는 방도와 해법을 통해 성장해 나간다. 혹시 지금 어떻게 가야 할지 그리고 무엇을 해야 할지 전혀 모르겠고 알 것 같으면서도 무엇을 선택하여 나아가야 할지 모르는 상태라면 이것을 먼저 생각해 보는 것은 어떨까 한다. 그것은 '소중한 것'을 생각해 보는 것이다. 당신에게 중요한 것은 지금 가족일 수도 있고, 친구와 연인일 수도 있고, 학업과 사업 등일 수도 있다. 그 소중한 것들이 당신에게 있어 어떤 선택이 더 소중한 것을 더 지킬 수 있고 행복하게 만들 수 있는지 생각하고 선택한다면 보이지 않았던 것들이 조금씩 보이면서 나아갈 수 있지 않을까? 그렇게 나아가다 보면 소중한 것은 결국 모두 연결되어 있다는 것을 알게 되고, 가족이 중요해서였지만 인연(因緣)과 학업, 사업 등 모두가 "하나로 이어져" 있다는 것을 앎으로써 우리의 오가는 문답은 모두가 잘 살기 위해 나아가려는 동행(同行) 아닐까 생각한다.

잘 산다는 것은 어쩌면, 알 수 없는 길을 끊임없이 내어 가고 그 위에서 스스로를 단단히 세우며, 걷는 그 길 속의 경험과 배움으로 지혜를 얻어 삶을 깨달으며 나아가는 것일지도 모른다. 우리의 걸음마다 주어지는 질문들은, 우리에게 삶의 의미를 던져주어 깊이 생각하게 하고 조화를 이루라는 것이 아닐까?

질문이 이끄는 길

질문이 알려 주고자 하는 것은 많은 것들이 있지만 각자의 상황에 맞게 무엇을 해야 하는지 그리고 각자 자신들이 무엇을 잊지 말아야 하는지를 말해 주고자 노력하고 있다.

질문은 진심을 다해 우리가 잘 지내기를 바라고 생각을 통해 우리 자신들의 장점을 발견하고 단점을 볼 줄 아는 견문(見聞)을 얻어 각자 자신들만의 질문에 대한 답들을 완성해 함께 아름다운 세상을 만들어 가기를 바라는 것이 아닐까? 그것이 어쩌면 질문이 우리에게 묻는 "진짜 질문"이자 바람일지도 모른다.

질문은 또 다른 '나 자신'이다. 나의 모습을 봤을 때 느껴지는 것, 그 속에는 내 자신의 감정과 생각이 상황과 환경 속에서 맞닥뜨린 것들에 의한 물음일 것이다. 그렇다면 그 물음의 내면 속에서 보게 되는 것은 나를 보는 거울이 아닐까? 거울의 역할은 나를 보게 함뿐만 아니라 내 주위의 환경과 함께 어떤 모습인지 보여주고 상황에 따라 보여지는 것과 생각되어지는 것들에 대해 생각할 수 있게 한다. 질문이란 내가 알고 느끼는 것을 기준으로 하게 되는 것들 중 하나이다. 거울 속에 나와 비춰지는 환경의 모습도 내 생각과 관점에서 보고 판단하며 지속적으로 질문을 하면서 생각하고 고민하며 나와 세상이 어떻게 조화를 이룰 수 있는지와 그 조화를 통해 세상 속에서 어떤 영향을 주는 사람이 되는지 나의 삶을 통해 서서히 알려준다. 질문은 내 진심이 무엇인지 알고 있고 무엇을 간절히 원하는지 알고 있기에 그저 내 자신의 상태에 따라서 정말 원하는 삶에 다가갈 수 있도록 여러 물음을 던져준다. 그 질문에 대한 답들에는 얻을수록 답답했던 것들이 시원하게 사라지는 것들도 있고 또는 오히려 답답했던 것이 더 막혀지듯이 힘들게 하는 것들도 있다.

질문에 대한 답을 마주할 때마다 우리는 이미 알고

있던 것과 전혀 다른 관점과 감정을 경험하고 알게 되면서 답이 선명하게 다가와 마음을 가볍게 하고 길이 명확해진 듯한 안도감을 받기도 한다. 또 다른 순간에는 답이 더욱 깊은 의문을 불러오며 마음속 미로를 더 복잡하게 만들면서 단선적이지 않은 답을 통해 내 자신에게 또 다른 질문을 던진다. 새로운 질문은 기존의 답 위에 놓이면서 알았다고 생각했던 내 자신을 다시 뒤흔들기도 한다. 그 뒤흔듦 속에서 깨달음을 얻고 삶의 의미는 단순히 답을 얻는 데 있는 것이 아닌, 질문과 답이 끊임없이 교차하며 나를 점점 성장하게 함으로써 더 깊이 이해하고 새로운 과정과 답을 만나게 한다. 질문과 답은 내가 무엇을 간절히 원하고 받아들일 수 있는지와 무엇을 놓치고 있는지를 보여주고 이해시킨다. 이 순환들을 통해 단단해지고 더 뚜렷한 형태를 띠며 그 과정 자체가 삶에 대한 배움이자 깨달음의 원석이라는 것을 알게 된다.

한 걸음 한 걸음을 통해 원석을 다듬으며 빛을 드러내

고, 때로는 넘어짐 속에서 다시 일어서며 표면을 닦아내고, 때로는 고요한 발걸음 속에서 결을 새겨 넣음으로써 더 투명하고 단단한 빛으로 만들어 가며 나아간다. 그 원석은 내가 가고자 하는 곳마다 발판이 되어 주고 앞으로 향해 나아갈 수 있도록 빛을 비춰 주면서 걷게 한다. 이때 그 빛은 때로 보고 싶었던 것을 비춰 주기도 하고 또 보기 싫은 것들을 비추기도 한다. 그러면서 내가 어디를 향하고 있고 어떤 길로 가고 있는지를 알려 준다.

걸음이란 그 안에 단순한 외형의 광채가 아닌 내가 걸어온 길을 묻고 답하며 남긴 흔적들이자 다시 흔들리고 일어섰던 과정들이 쌓여 만들어 낸 삶의 고유한 빛이다. 이 질문의 걸음은 우리에게 많은 질문들을 주고 그중에서도 각자 우리 자신에게 가장 중요한 질문들을 한 번씩 던질 때가 있다. 그 수많은 질문들 중 가장 비슷한 유형의 질문이자 이 속에 함축적인 의미가 담긴 질문을 감히 얘기해 본다면 “잘 산다는 것이란 무엇인가?”일지도 모른다고 생각한다.

질문은 연결의 고리이자 바다와 같다. 하나의 질문에는 많은 것들이 함축되어 있고, 수많은 답들을 찾아낼 수도 있다. 그 답 안에 함축된 것들은 각 개인마다 다 다르다. 그 다름은 어떨 땐 틀린 것을 찾아내고, 그것을 통해 또 다른 것과 같은 것을 찾을 때도 있다. 그 다름과 틀림으로 인해 또 다른 생각을 갖게 되고 새로움과 깨달음을 얻으면서 서서히 하나씩 발전해 나가며 모든 분야의 것들이 성장해 간다.

분명한 것은 부딪힌다는 것이다. 맞고 틀리다에 대한 의견이 충돌하여 윤리적인 부분과 자연의 섭리 등에 대해 논의하고 정의하면서 지금과 앞으로의 세대들을 위한 삶을 고민한다. 그렇게 변하고 발전하고 성장하면서 또 다른 시대와 세대가 나타나고 인간다운 삶에 대해서 생각하게 되지 않을까 생각한다. 왜냐하면 우리는 모두 하루하루 걸음 속에서 가르침을 받으면서 살아가기 때문이다. 알 것 같으면서도 모르는 것이 생기고 모를 것 같으면서도 알게 되는 것들도 있다. 그 속에서 수많은 질문과 답들을 통해 무엇을 위해 노력을 하고 있고 그 노력하는 이유와 고민의 질문 속에서 자신을 가르치고 누군가에게 배우며 살아가는 것이 어쩌면 질문이 이끄는 길이 아닐까?

질문은 답을 만나게 해주고 답은 또 다른 길(질문)을 제시해 주면서 끊임없는 사유(思惟)의 걸음으로 이어지게 하고, 다시 생각을 불러 깊이를 알게 하며, 그 걸음을 존재하는 본질로써 나를 나아가게 만든다.

우리는 인생을 살아가고 있다. 당신이 지금 하고 있는 질문은 자신을 위해서일 수도 있고 누군가를 위해서일 수도 있다. 중요한 것은 내 자신을 위해서든 누군가를 위해서든 잘 지내기 위해라는 것이고 그것이 곧 행복이라는 것이다. 이것을 알고 질문하고 나아간다면 당신은 지금보다도 더 좋은 환경과 사람들을 만나 지내고 있을 것이라 확신한다.

질문의 응원

당신에게 있어 가장 듣고 싶은 질문은 어떤 질문인가? 아래에 그 질문에 대해 적어 보길 바란다. 지금 써놓은 질문들은 당신에게 있어 어떠한 바람일 것이고 간절함일 것이며 이루어지기를 바라는 것일 거다. 당신이 써놓은 것이 무엇이든 당신에게 있어 그 질문은 힘이 되고 행복이 되는 진실한 대화를 하기 위함일 것이라 생각한다. 답답해서 써놓은 것일 수도 있고 행복과 기대 등으로 써놓은 것일 수 있다.

당신에게 있어 가장 듣고 싶은 질문을 적어보세요.

지금 자신의 손으로 썼다는 것 자체가 의미가 있는 것이고 잘 살아가고 있다는 것이며 앞으로의 앞날에 대해 깊이 고민하고 성찰하며 살아가고 있음을 증명하는 질문들이다.

당신이 왼쪽 페이지에 써놓은 질문들은 바람과 소원들이 이루어지기 위한 아주 소중한 것들이라는 것을 잊지 말았으면 한다. 그 소중함을 위해 살아가며 세상과의 대화 속에서 나아간다면 그 바람과 소원들이 하나씩 이루어질 것이라 믿어 의심치 않는다.

어떤 상황에서든 우리는 끝없이 생각하고 고민하며 답을 찾으려 하고 그 안에서 또 다른 질문을 하며 여러 상황들을 맞닥뜨리게 된다. 그 상황들은 때로는 좋은 상황일 수도 있고 때로는 좋지 않거나 알 수 없는 상황일 수도 있다. 그 속에서 세상과 소통하며 하나하나씩 차근차근 풀어나가며 주위를 둘러본다면 그것이 진정으로 나에게 좋은 일인지 안 좋은 일인지 알 수 있는 시간이 되고, 또 다른 질문들을 만나면서 새로운 길에서의 앎을 통한 견문의 눈과 귀를 일깨워 주는 것이 아닐까? 이러한 질문과 성찰의 순환은 마치 나선형 계단을 오르는 것처럼 매 회전마다 같은 지점을 지나는 듯하지만 실은 조금씩 더 높은 곳으로 올라가도록 만든다.

우리가 마주하는 어려움과 고민들은 단순한 장애물이 아닌 더 깊은 이해로 이끄는 디딤돌이 되고 삶의 굴곡진 순간들을 통해 새로운 관점을 보여줌으로써 고통스러운 경험이 가장 값진 깨달음을 주기도 한다는 것을 알려준다. 가마 속에서 단단해지는 도자기처럼 우리도 시련 속에서 더욱 견고해지면서 세상을 바라보는 눈을 키우고, 자신의 내면을 소홀히 하지 않으며, 타인의 이야기에 귀 기울이되 자신의 목소리도 잃지 않는 등 어쩌면 이런 균형 잡힌 시각을 통해 삶을 살아가고 만들어 가는 게 질문이 우리에게 의도한 것일지도 모른다.

질문은 단순한 호기심에서 시작하여 점차 삶의 본질

을 탐구하게 만든다. 그리고 마치 도자기가 불 속에서 형태를 갖추듯이 우리 각자의 질문들도 성장하면서 더욱 의미 있는 형태로 변한다. 서서히 변하고 완성되어 가는 과정의 모습은 우리에게 거울이 되어 준다.

건강한 질문은 우리를 치유하고 마음의 상처를 들여다보게 하며 그것을 이해하고 받아들이는 과정을 겪게 함으로써, 질문은 우리의 안내자로서 끊임없이 물으며 생각하게 만들어 준다. 때론 날카로운 질문이 상처를 건드릴 수도 있지만 그 아픔을 통해 더 깊은 자아를 발견하게 되고 내 자신이 불완전하다는 것을 받아들이면서 건강한 성장을 할 수 있도록 도와주는 것이 아닐까? 어떤 질문은 내가 가고자 하는 길의 방향을 잃게 만들 수도 있지만 그것은 잠시 쉬어 가야 할 신호이거나 피해야 할 길을 알려 주는 이정표일 수도 있다.

이때 질문은 우리에게 겸손함에 대해서도 알려 준다. 모든 것을 알 수 없다는 것, 때로는 답을 찾지 못할 수도 있다는 것, 꼭 그 답만이 정답은 아닐 수도 있다는 것을 받아들이게 하고 우리 삶의 중심에서 끊임없이 움직이고 더 나은 방향으로 이끌어 주며 건강한 질문을 할 수 있도록 해주는 것일지도 모른다.

질문은 단순히 답을 찾는 행위를 넘어 서로의 다름을 발견하고 이해하는 소통의 도구로 때론 침묵으로, 때론 공감으로 대화의 출발점이 되고, 그 속에서 우리는 각자의 고유한 관점과 경험을 나눠 서로의 진실을 마주하게 되면서 그 과정에서의 더 깊은 이해와 성장을 이루어 질문 자체가 답이 되기도 한다. 그 과정에서 더 넓은 시야를 갖게 됨으로써 샘물처럼 끊임없이 솟아나는 질문들을 통해 삶을 더욱 깊이 있게 만들어 주는 지혜의 바닷속에서 우리는 더 깊은 질문과 거울을 통해 우리의 모습을 비추어 보며 더 성숙해지고 이해하는 법을 배우면서 끊임없는 성장의 중요성을 깨닫는 게 아닐까?

당신이 써놓은 그 응원의 질문 속에는 가장 듣고 싶

은 말과 이루고 싶은 바람과 아직 다 꺼내지 못한 진심이 담겨 있다. 그 질문은 단순한 문장이 아닌, 당신이 나아가고자 하는 방향을 비추는 빛이며 스스로를 이해하고 스스로를 응원하려는 마음의 표현이다. 질문이 왜 응원이고 가장 듣고 싶고 이루고 싶은 진심이 담겨 있는지는 그 누구보다도 당신이 잘 알 것이다. 그것이 얼마나 귀한 것인지 그리고 그 질문들이 당신의 마음 깊은 곳에서 태어난 소중한 약속이자 스스로를 이끌고 지켜내려는 아름다운 마음의 증거일 것이다. 그러니 지금 품고 있는 질문 하나하나의 의미와 삶의 본질과 뜻을 지켜주고 응원하는 세상에 단 하나뿐인 당신의 길 속에서 빛의 질문들과 함께 나아간다면 진실한 친구들과 함께 동행하며 인생을 만들어 갈 것이라 믿는다.

실패 속의 질문들

성공과 실패의 본질은 나아가기 위함이 아닐까?

우리는 어떠한 것을 시도하여 성공과 실패를 하게 된다. 이 중에서 둘 중에 하나는 반드시 경험하게 되고 무조건 한쪽으로만 가는 경우는 절대 없다.

감히 절대라고 얘기한 이유는 당신이 더 나은 삶을 위해 노력하는 것을 알고 있기 때문이다. 그렇기 때문에 이 책을 읽고 있는 것이고 또 다른 책들과 인터넷 매체, 모임 등을 통해 자기 계발을 하고 있는 슬기로운 탐구자라고 생각한다. 그 길은 끝없는 수양의 길이자 연마의 과정이며 때로는 흔들리더라도 불꽃을 꺼뜨리지 않고 지켜내는 힘을 가진 강한 사람이기에 그 과정 속에서 당신은 내면을 단단히 세워가며 스스로를 다듬고 빛으로 가꾸어 가는 사람이자 누군가에게 빛을 비춰주고 힘이 되어 주는 등불이자 이정표 같은 존재로서 성장할 것이기 때문이다.

인생에 있어서 성공만 하는 사람은 없고 실패만 하는 사람도 없듯 성공과 실패는 결과이면서 과정이자 삶의 일부이다. 어느 한쪽도 완전한 길은 없고 성공은 자신감을 줄 수도 있지만 그와 동시에 자만함을 줄 수도 있다. 실패는 자신감을 잃을 수 있지만 겸손함을 주기도 한다.

즉 어느 곳에서든지 무언가를 배우게 되고 생각과 고민을 하며 더 나은 삶을 살아가기 위해 나아간다는 것이다. 당신은 어느 쪽의 경험을 더 많이 했고, 어떤 질문들을 자신과 세상에게 물었는지 생각해 본 적이 있는가? 그리고 그 경험과 질문들이 당신에게 어떤 영향을 끼쳤고 지금의 삶이 그 전과 비교했을 때 나아졌는지 생각해 본 적이 있는가? 혹시 나아졌음에도 불구하고 지금 불만과 불안만을 품으며 자신을 질책하거나 세상을 비판적으로만 생각하고 있지는 않은가?

당신의 경험들은 수많은 질문과 수많은 답을 주었을 것이고 그만큼의 또 다른 새로운 질문과 답 속에서 더 나아가게 만들어줬을 것이다. 답을 알 수 없는 것에는 끊임없는 질문과 함께 변화와 새로움을 만나며 살아가게 하고 있을 것이다. 하지만 종종 타인의 성공을 바라보며 자신을 질책하고, 자책하며 충분히 발전하고 나아가고 있음에도 비교를 하게 되는 경우가 있다. 반대로 작은 성공과 시작의 성과에 도취(陶醉)되어 자만에 빠지기도 한다.

그 이유는 무엇일까? 그것은 결국 더 나아지는 삶을 추구하기 때문일지도 모른다. 때로는 자책과 자만이 교차하지만 그것조차도 스스로를 날마다 새롭게 단련해 가려는 과정이며 더 큰 길을 향해 나아가기 위한 밑거름이 되기 때문일 것이다.

끝없는 비교의 굴레에 매이지 않고, 그 허상을 벗어던질 때 비로소 자신을 온전히 마주하게 되고 그 순간

진정으로 성장하는 것이 아닐까?

우리는 각자의 삶의 고유한 질문들이 있다. 그 질문들의 시작은 나로부터 시작되어 우리의 질문이 되고 때로는 특별한 답을 요구하기도 한다. 어떠한 질문들은 때로는 불편하고 때로는 고통스럽기도 하다. 의미를 전혀 모르겠고 괴롭게만 하는 질문들도 있다.

그 질문이 성공의 질문이든 실패의 질문이든 경험을 하게 된 만큼 무언가의 부족함 때문에 고민하고 무엇을 더 발전시켜야 하는지를 알게 되어 노력하는 과정을 겪게 된다. 하지만 이때 결과에 집착하게 된다면 답답한 성공과 실패를 하게 될지도 모른다.

우리의 삶은 어떤 것에 대해 알고 나아감에도 번민(煩悶)과 번뇌(煩惱)를 하며 살아간다. 그 부족함이 무엇인지 알고 있어 모색(摸索)하지만 정체(停滯) 속에서 혼란을 겪는다. 무엇을 향해 가야 하는지 앎에도 모순

(矛盾)에 의해 흔들리기도 한다.

누군가와의 삶과 자신의 삶을 비교하게 되는 이유는 여러 가지가 있을 수 있겠지만 오직 결과에만 집착하게 된다면 허상에 의해 내 자신을 힘들게 하지 않을까? 성공과 실패의 본질을 잊는다면 노력하는 이유와 발전과 성장의 가능성을 보지 못한 채 도태(淘汰)하는 경우가 생길 수도 있을 것이다.

이것이 지속된다면 방황 속에서 헤어나지 못한 채 늪에 깊이 빠진 것처럼 아무것도 못하고 부정적인 생각과 비교와 결과만을 정답과 진리라고 생각하며 편협한 시각이나 좁은 시야에 갇혀 비교와 결과에 집착하여 진정한 의미를 보지 못하는 좌정관천(坐井觀天)하고 남보다 못하고 스스로를 괴롭게 만드는 자격지심(自激之心)으로 인해 무기력해지고 허무해지면서 단념(斷念)과 체념(諦念)으로 자신을 보이지 않는 감옥에 가둘지도 모른다.

그렇게 자포자기(自暴自棄) 상태가 되면 설사 무엇이 중요한 것인지 알더라도 더 이상 무엇도 추구하지 않으려고 하는 폐의(廢意)나 어떤 책임이나 노력을 할 수 없다 하며 자신을 방기(放棄)시키기도 한다. 실패와 성공 모두 무언가를 알기 위함과 더 나은 삶을 살기 위한 과정이지만 내 자신의 상황과 주변 상황에 따라 실수들을 범하게 되기도 한다. 하지만 그것 또한 실패이자 성공의 가르침이고 내 자신의 삶을 돌아보게 되는 전화위복(轉禍爲福)의 계기가 될 것이라 믿는다. 성공도 실패도 양날의 검처럼 어떻게 받아들이고 나아가느냐에 내 자신의 모습이 달라진다.

그 주어진 선택으로 인해 우리는 자신에게 질문하고 세상에게 질문하게 된다. 내 자신이 어떻게 해야 하는지 그리고 내 자신이 아닌 다른 무언가가 달라져야 하는지도 생각해 보게 된다. 이 과정에서 또 다른 질문이 나와 세상에게 묻고 새로운 답들을 통해 또 다른 기회를 만들어 주기도 한다. 내 자신의 한계와 극복할 수 있는 방법 그리고 정말로 나에게 맞는 것인지와 지금 해야 하는 것인지 나중에 해야 하는 것인지를 분별하게 하며 단순히 과거를 돌아보는 것뿐만 아니라 앞으로 나아갈 방향을 정하는 데 중요한 역할을 해주기도 한다.

이러한 생각과 고민을 통해 우리의 사고를 확장하고 더 나은 결정을 내릴 수 있는 질문들을 만나며 새로운 통찰력과 질문의 본질을 통해 우리 자신의 가치관과 신념을 다시 한번 확인할 수 있게 되는 것이 아닐까? 그 확인은 내 자신이 중요하게 여기고 해야 하는 것이 무엇인지 깨닫게 하여 그것을 통해 내가 어떤 곳을 향해 가고 있고, 주위의 무엇으로 나 자신이 어떻게 변해 가는지에 대한 자기 성찰과 삶의 방향에 대한 중요성을 알려주는 것일지도 모른다.

실패를 통한 질문은 단순히 답을 찾기 위한 도구가 아닌 자신을 탐구하는 과정에서 필수적인 요소이자 나의 내면을 들여다보고 세상과의 관계를 고민하며 삶의 의미를 생각하면서 힘을 얻기도 한다. 더 나은 자신으로 나아가기 위한 발판으로 실패를 경험함으로써 내 자신과의 관계와 사람들과의 관계인 인간관계를 다시 한번 돌아보고 생각과 선택할 수 있는 계기를 맞이한다. 그것을 통해 새로운 발견과 목표를 찾고 또 다른 성장을 할 수 있는 기회를 받으며 실패를 극복하고 인생의 교훈을 받는다.

실패는 끝이 아닌 성공의 열쇠이다. 실패를 통해 자신을 발견함과 세상을 이해하는 눈과 삶의 의미를 들을 수 있는 귀를 통해 우리는 모두 자신들만의 "진짜 원하는 삶"을 찾아갈 수 있지 않을까? 실패는 분명 두려운 것이다. 하지만 그 두려움을 이해하고 본질을 알게 된다면 질문의 본질적 의미와 성공한 삶을 진정으로 알게 될 것이라 믿는다.

만약 실패의 본질을 잊은 채 오직 답만을 갈구하며

강압적인 질문과 언행을 하게 된다면 선택에 따른 결과를 받아들이지 못할 것이고, 혼란 속에 자신을 가둬두게 될지도 모른다. 답을 얻는 것은 매우 중요한 일이다. 하지만 내가 원하는 답만이 진리라고 생각하고 틀에 박힌 생각에 가려고만 한다면 내 자신에게 중요한 무언가를 잃게 될 수도 있다는 것을 기억해야 할 것이다. 때로는 혼자만의 고요한 시간도 필요하다. 그리고 누군가와 함께하는 고요한 시간도 필요하다. 실패는 내 자신에게 가장 진실된 질문을 묻도록 만드는 솔직한 친구다. 그 실패는 마치 거울 앞에 선 것처럼 가장 솔직한 자아를 보게 하고 그럼으로써 나를 생각하는 법과 남을 생각하는 법을 스스로 터득하고 환경을 통해 배우게 되기도 한다. 실패를 통해 생각하고, 실패를 통해 고민하며, 실패를 통해 깨닫는 것만큼 내 자신을 진실되게 만드는 것은 없을지도 모른다. 그 진실된 모습은 나의 모습에서 우리의 모습이 될 것이고, 우리의 모습에서 나라의 모습이 되고, 더 나아가 세계의 모습이 될 것이다. 우리의 존재의 가치는 함께하는 것에서 빛난다. 내가 빛이 되어 누군가에게 빛을 비춰 주고 누군가가 또 나의 빛을 더 밝게 비춰 줌으로써 서로가 힘이 되고 희망을 주는 존재가 되어 주는 것이 성공과 실패의 본질이 아닐까?

빛과 어둠의 질문

너무 밝은 빛 속에서는 강한 빛으로 인해 자신의 모습을 보지 못하고 보이는 것에만 치중하여 가게 되는 경우가 있다. 그리고 깊은 어둠 속에서는 아무것도 보이지 않아 아예 움직이지 못하고 포기하게 되는 경우도 있다.

빛은 우리에게 없어서는 안 될 공기처럼 생명을 비춰 주고 필요한 것들을 전해 준다. 어둠도 안식(安息)을 통해 우리에게 휴식과 성찰의 시간을 가지게 함으로써 빛의 화려함에 가려졌던 우리의 본질을 들여다볼 수 있게 하며 밤하늘의 별들처럼 희미한 빛의 아름다움과 작은 빛의 소중함을 일깨워 준다.

빛도 어둠도 모두 소중하다. 빛이 있기에 어둠이 있고, 어둠이 있기에 빛이 있다. 서로 조화를 이뤄 완미(完美)를 통해 우리의 몸과 마음을 순화(純化)시켜 주며, 빛은 거짓 없이 비추고, 어둠은 거짓 없이 가려 준다. 빛 속에서 얻을 수 있는 것은 어둠 속에서 얻을 수 없고 어둠 속에서 얻을 수 있는 것은 빛 속에서 얻을 수 없다. 만약 빛이 주는 깨달음을 어둠에서 그리고 어둠이 건네는 지혜를 빛 속에서 찾으려 한다면 그것은 분명 본연(本然)에서 얻어야 하는 것을 모방한 연목구어(緣木求魚)처럼 본질에서 멀어진 헛된 허상일 것이다. 빛은 비춤으로써 우리에게 질문을 던지고, 어둠은 감싸면서 또 다른 질문을 건넨다. 빛과 어둠은 그저 비추고 덮으면서도 감싼다. 그 속에서 우리는 자신의 내면을 탐구하고 성찰하며 정체성과 가치관을 형성하게 되는 것이 아닐까? 그 과정은 문제를 발견하고 그것을 통해 성장하며 변할 수 있는 기회를 얻는 것일 거다.

이런 성찰의 과정은 개인에서 시작하지만 거기에 그치지 않고 다양한 맥락에서도 중요한 의미를 지니며 우리가 속한 사회는 다양한 빛과 어둠의 요소로 구성되고 작용된다. 이를 이해하고 수용하는 것은 공동체의 발전에도 기여하게 된다. 이렇게 모든 부분에서 빛과 어둠은 우리에게 성장과 변화를 위한 중요한 교훈을 주게 된다.

빛을 이해할 수 있는 건 어둠이고 어둠을 이해할 수 있는 건 빛이다. 빛과 어둠은 서로를 잘 알고 있기에 자신들이 무엇을 해야 조화롭게 균형을 이룰 수 있는지 그리고 그것이 얼마나 중요한 것인지를 우리의 삶 속에서 보고 느끼는 것을 통해 깨닫게 해준다.

이 균형 속에서 빛과 어둠은 우리에게 묻는다.

"지금 당신은 어떤 상태인가?"

과도한 빛은 눈부심으로 인해 우리의 시야를 가리고, 짙은 어둠은 가려짐으로 우리의 방향을 잃게 만든다. 마치 성공이라는 강렬한 빛에 삶의 본질을 잃어 실패라는 어둠 속에서 희망을 발견하지 못하는 것처럼 우리는 종종 빛나는 것만을 추구하다 진정한 가치를 놓치곤 한다. 화려한 성공, 남들의 인정, 물질적 풍요 등의 빛에 집착하게 되면서 내면의 진심이 담긴 질문보다 외면의 허상적인 질문들에 치중하고 허상과 겉치레 질문들이 겹겹이 쌓여 만들어진 심연(深淵)의 늪에 서서히 스스로를 가두게 한다. 하지만 그 속에서 내면의 진심과 마주하며 묻고 답하는 시간을 조금씩이라도 갖게 된다면, 그 전까지의 질문들과 답들과는 크게 다르지 않을 수 있지만, 지나온 시간들을 통한 깨달음 속의 진리들이 세상을 말해준다. 자연의 이치를 보면 낮과 밤이 교차하며 생명의 순환을 이루고 계절이 변화하며 만물이 생장(生長)과 휴식을 반복하듯 인간의 삶에도 빛과 어둠의 적절한 균형을 이루어 몸과 마음의 건강을 만든다. 태극기(太極旗)의 빨강은 활동과 생명력을 나타내며 낮의 밝음과 태양의 기운을 떠올리게 하고, 파랑은 수용과 고요를 상징하며 밤의 어둠과 달, 물과 같은 차분한 기운을 떠올리게 한다. 괘 안에 담긴 건(☰)은 하늘의 강함으로 낮의 밝음과 창조적인 활동을 북돋우고, 곤(☷)은 땅의 포용으로 밤의 고요와 휴식을 품어 안정과 회복을 이끌며, 감(☵)은 물의 깊이처럼 어둠 속에서 신중함과 지혜로 길을 살피게 하고, 리(☲)는 불의 빛으로 활력과 평온을 밝히며 내면의 열정과 깨달음을 드러낸다. 이렇게 네 괘 안의 뜻처럼 우리의 삶도 낮 동안에는 충분히 활동하며 자신을 성장시키고, 밤에는 숙면과 휴식을 통해 몸과 마음을 회복해야 하는 것이 아닐까? 건(☰)이 하늘의 힘으로 활동을 북돋우듯 낮의 기운을 살리고, 곤(☷)과 감(☵)이 땅과 물의 기운으로 조화와 안정, 회복을 이루게 하며, 리(☲)가 불빛처럼 내면의 균형을 맞추어 태극기의 음양(陰陽)과 사괘(四卦)가 서로를 완성하듯, 활동과 휴식, 빛과 어둠, 열정과 평온이 조화를 이룰 때 건강하고 온전한 자신을 만나게 되는 것이 아닐까 생각해 본다.

성공만을 좇다 보면 진정한 자아를 잃어버리기 쉽고, 실패에 대한 부정적인 생각에 매몰되면 성장의 기회를 놓치게 되기도 한다. 지금의 우리 현대 사회는 우리에게 끊임없는 성과와 발전을 요구한다. 하지만 이러한 과도한 빛의 추구는 오히려 우리를 지치게 만들고 삶의 본질적 가치를 흐리게 하는 것일지도 모른다. 때로는 단순히 편안한 휴식을 취하고, 있는 그대로의 자신을 돌아보는 시간을 통해 자신을 알고 세상을 알아가면서 순환에 대해 이해하고 삶의 본질에 대해 생각하는 것이 빛과 어둠이 주는 질문이지 않을까? 빛과 어둠을 대립적인 존재(存在)가 아닌 상호보완적(相互補完的)인 관계로 본다면 밤하늘의 별이 어둠이 있기에 더욱 빛나듯 우리의 성공도 실패와 좌절이라는 어둠을 거쳐 더욱 의미 있게 빛나게 하는 것이고, 이러한 빛과 어둠의 조화 속에서 진정한 성장을 이루는 것이지 않을까 생각해 본다. 우리는 각자의 삶에서 적절한 빛과 어둠의 균형을 찾아야 한다. 때로는 강렬한 빛 속에서 목표를 향해 달리고 때로는 고요한 어둠 속에서 자신을 돌아보며 휴식을 취해야 한다. 이러한 균형 잡힌 삶을 통해 우리는 진정한 성장과 행복을 발견할 수 있을 것이다.

즉 우리에게 필요한 것은 빛과 어둠을 모두 받아들이는 지혜일지도 모른다. 성공과 실패, 기쁨과 슬픔, 성장과 휴식, 이 굴곡(屈曲)이 우리 삶의 일부임을 인정하고 의미를 알아가도록 하는 것이 어쩌면 빛과 어둠이 우리에게 건네는 온전(穩全)한 지혜의 질문이 아닐까?

진심은 그 어떤 부귀영화보다 귀하다.

한마디

당신의 그 한마디 질문이 누군가에게 힘이 되고,

당신의 그 한마디 대답이 누군가에게 위로가 되었습니다.

당신의 그 한마디에 담긴 진심은 누군가를 살렸고,

당신의 그 한마디에 담긴 사랑은 한없이 크다는 것을 느꼈습니다.

당신의 그 한마디가 나를 살렸습니다.

하나의 빛이 만물의 빛이 되기를

빛의 사랑

밤하늘에 하나씩 떠오른 별들이
내 걸음을 조용히 비춰 주었고

은은하게 번지는 달빛이
내 마음의 두려움을 달래 주었습니다.

그 빛 속에 담긴 온기는
내가 알지 못한 사이 길을 열어 주었고

그 빛 속에 담긴 사랑은
끝없이 이어져 또 다른 하늘을 밝혔습니다.

당신이 나를 비춰 준 것처럼
나도 누군가에게 길을 열어 주고 싶습니다.

우리의 모습을 보며 누군가 말한다.

하늘의 마음

구름 사이로 보이는 파란 하늘이
나에게 묻습니다.

구름은 바람의 세기에 맞춰
그 자체로 자연스러움을 비추고

그 자연스러움이 나를 비추며
꾸밈없는 나의 모습이 곧 나의 본질과 심연임을
조용히 일러 줍니다.

편안함이란 함께하는 행복이 아닐까?

자연의 노래

저 나무의 잎들은
평온하게 춤을 추고

저 나무의 잎들은
아름다움을 느끼게 한다.

하늘이 그 모습에 새들을 부르고
땅이 그 모습에 동물들을 불러

바람의 지휘 속에

나무들은 바람의 선율에 몸을 맡기고
한 산의 자연과 친구들은 그 선율에 합창을 이루어
자연을 노래한다.

생각한다는 것이 가장 귀한 보물일지 모른다.

내문(內問)

강함은 나를 아는 것이고
우리를 아는 것이며
진실과 허상을 가려 보고
빛과 어둠의 본질을 알아차리는 것이 아닐까?

불안은 질문을 부르고
나를 보게 하며 나를 알게 한다

불만은 표현을 부르고
나를 시험하며
나를 생각하게 한다

글을 마치고

당신께서는 지금 자신과 세상에게 어떤 질문을 하고 계시고 또한 받고 계신가요?

질문을 통해 자신을 돌아보고, 그 과정을 통해 내면을 성찰하며 발전시켜 나아감으로써 가정과 사회 속 자연의 흐름에 몸과 마음을 잘 돌보려고 우리는 분명 노력하고 있습니다. 우리 삶의 물음들 속에는 때로 지나간 생각들을 되새기고, 자신의 내면을 깊이 들여다보며, 문제의 본질을 면밀히 바라보게 되죠. 그리고 충분한 시간과 마음을 들여 깊이 생각하는 시간을 통해 각자의 생각으로 삶의 방향을 세워갑니다.

질문은 자신을 알고 타인을 이해하는 것을 통해 끊임없이 우리가 돌아보며 성찰하고 성장할 수 있도록 조용히 도와주고 있는 게 아닐까요? 우리의 내면의 성숙과 세상과의 조화를 이루는 삶으로 나아가게 하기 위해, 그리고 우리의 삶에 대해 더 잘 알고 서로가 세상을 함께 이끌어 가게 하기 위해, 인생의 근본과 본질에 대해 탐구하도록 만들어 주는 게 아닐까요? 과거의 경험과 지혜를 되새기며 새로운 것을 배워 나가는 자세로 미래를 향해 나아가게 함으로써, 서로의 질문을 통해 마음의 깊이를 살피는 태도로 이해하는 법과 그것으로 우리 자신들을 다잡고 새로움 속에서 삶의 방향을 잡고 같이 나아가는 것.

그것이 질문이 우리에게 알려주고자 하는 것이 아닐까 생각합니다.

끝인사

우리는 순수한 호기심에서 진지하고 심각한 고민까지의 다양한 질문들과 때로는 내 안에서와 우리 안에서의 물음과 답 속에서 배우고, 나누며, 함께 살아갑니다.

감사합니다. 당신께서 하신 그 질문과 답이 서로를 돕는 길이 되고, 당신의 사유가 꽃피어 우리를 잇는 힘이 되며 그 마음에 남은 울림이 모두의 여정 속의 또 다른 길을 열어주고 계십니다.

자신을 위해 기꺼이 애써 주시는 그 덕분에 앞으로 더 나은 사회가 우리 앞에 펼쳐질 수 있다는 믿음과 힘을 느끼며, 그 길이 더 환하게 열려 있음을 의심치 않습니다.

이 책을 출판할 수 있도록 해주신 지식과감성# 대표 장길수 님과 도움을 주신 모든 직원분들(이주연, 강샛별, 윤혜성, 한장희) 그리고 항상 응원해 주는 저의 가족들과 인연(因緣)으로 함께해 주시는 모든 분들께 감사드립니다.

수많은 책들 중 제 책을 선택해 주시고 읽어주셔서 감사드립니다.